In jede hohe Freude mischt sich
eine Empfindung der Dankbarkeit.
Marie von Ebner-Eschenbach

Keine freundliche Tat,
ungeachtet, wie klein sie ist,
ist jemals verschwendet.
Aesop

Das Leben ist kurz,
man muss sich einander
einen Spaß zu machen suchen.
Johann Wolfgang von Goethe

Glücklich machen ist das höchste Glück!
Aber auch dankbar empfangen können,
ist ein Glück.

Theodor Fontane

Man muss sein Glück teilen,
um es zu multiplizieren.

Marie von Ebner-Eschenbach

Was der Sonnenschein für die Blumen,
ist das lachende Gesicht für die Menschen.

Joseph Addison

Freundlichkeit ist eine Sprache, die
Taube hören und Blinde lesen können.

Mark Twain

Die kleinen Gefälligkeiten der Freund-
schaft sind tausendmal werter als jene
blendenden Geschenke, wodurch uns
die Eitelkeit des Gebers erniedrigt.

Johann Wolfgang von Goethe

Güte in den Worten erzeugt Vertrauen,
Güte beim Denken erzeugt Tiefe,
Güte beim Verschenken erzeugt Liebe.

Laotse

Dankbare Menschen
sind wie fruchtbare Felder.
Sie geben das Empfangene
zehnfach zurück.

August von Kotzebue

Wahre Menschlichkeit ist köstlicher
als alle Schönheit der Erde.

Johann Heinrich Pestalozzi

Die kürzeste Verbindung
zwischen zwei Menschen
ist ein Lächeln.

aus Indien

Was immer an Freude ist in der Welt,
entspringt dem Wunsch,
andere glücklich zu sehen,
und was immer an Leid ist in der Welt,
entspringt dem Wunsch,
nur selbst glücklich zu sein.

Shantideva

Die Liebe allein versteht das Geheimnis,
andere zu beschenken
und dabei selbst reich zu werden.

Clemens Brentano

Einen glücklichen Menschen zu finden,
ist besser als eine Fünfpfundnote.
Es ist der Inbegriff strahlender
Freundlichkeit, und wenn er
den Raum betritt, so scheint es, als wäre
noch ein Licht angezündet worden.

Robert Louis Stevenson

Wer kann in Gegenwart einer Rose
nicht mit edlen Gedanken erfüllt sein?
Bettina von Arnim

Wenn du recht betrübt bist,
dass du meinst, kein Mensch auf der Welt
könne dich trösten,
so tue jemandem etwas Gutes,
gleich wird es besser sein.
Peter Rosegger

Liebe und Freundlichkeit sind
die besten Gewürze zu allen Speisen.
aus China

Ein süßes Wort erfrischt oft mehr
als Wasser und Schatten.
Buddha

Nimm den Menschen die Liebe,
und du hast der Welt die Sonne
genommen.
Ambrosius

Glück kann man nur festhalten,
indem man es weitergibt.
aus Deutschland

Was es auch Großes und Unsterbliches
zu erstreben gibt:
Dem Mitmenschen Freude zu machen,
ist doch das Beste, was man
auf der Welt tun kann.

Peter Rosegger

Kleine Wohltaten im rechten Augenblick
können für den Empfänger sehr groß sein.

Demokrit

Der Mut wächst immer mit dem Herzen
und das Herz mit jeder guten Tat.

Adolf Kolping

Das Leben mit seinen verschiedenen
Epochen ist eine Schatzkammer.
Wir werden reich in jedem Gewölbe
beschenkt; wie reich,
das erkennen wir erst bei dem Eintritt
in das nächste Gewölbe.

Friedrich Hebbel

Unser Leben blühte reicher,
säten wir mehr Liebe aus.

Sprichwort

Wo es Liebe regnet,
wünscht keiner einen Schirm.

Sprichwort

Die Art, wie man gibt,
bedeutet mehr, als was man gibt.
Pierre Corneille

Leider lässt sich eine wahrhafte Dankbarkeit mit Worten nicht ausdrücken.
Johann Wolfgang von Goethe

Wohltaten, still und rein gegeben,
sind Tote, die im Grabe leben,
sind Blumen, die im Sturm bestehn,
sind Sternlein, die nicht untergehn.
Matthias Claudius

Indem wir für das Wohl anderer streben,
fördern wir das eigene.
Plato

Der Lohn einer guten Handlung
liegt darin,
dass man sie vollbracht hat.
Seneca

Wer nichts für andere tut,
tut nichts für sich.
Johann Wolfgang von Goethe

Mögest du Ruhe finden,
wenn der Tag sich neigt,
und deine Gedanken
noch einmal die Orte aufsuchen,
an denen du heute Gutes erfahren hast.

aus Irland

Weitere Titel aus dieser Reihe:
Das Leben genießen – ISBN 978-3-8407-0690-5
Glücksgedanken – ISBN 978-3-8407-0691-2
Liebe Grüße – ISBN 978-3-8407-0692-9
Tu es einfach – ISBN 978-3-8407-0693-6
Zauberhaft – ISBN 978-3-8407-0694-3

© ALPHA EDITION GmbH & Co. KG
Wellseedamm 18, 24145 Kiel, www.alpha-edition.com
Dieses Werk ist urheberrechtlich geschützt. Alle Rechte sind vorbehalten. Jegliche Vervielfältigung oder Verwertung ohne vorherige schriftliche Genehmigung des Verlags ist untersagt.

Konzept und Gestaltung: ALPHA EDITION GmbH & Co. KG
Redaktionelle Mitarbeit: Rainer Haak
Bildredaktion und Lektorat: ALPHA EDITION GmbH & Co. KG
Druck: Süddruck Neumann GmbH & Co. KG
Textnachweis auf dem Umschlag: aus Asien